E-CLIP ⑫

감성적 창의 주도성 향상 프로그램

사회성을 적용하자

SQ Ⅱ

E-CLIP ⑫

감성적 창의 주도성 향상 프로그램

사회성을 적용하자
SQ Ⅱ

초판 1쇄 인쇄 2022년 8월 8일
초판 1쇄 발행 2022년 8월 8일

지은이 송인섭
펴낸이 김선식

경영총괄 김은영
책임편집 박슬기 **디자인** 차다운 **책임마케터** 이석원
연구개발팀장 김재민 **연구개발팀** 박슬기, 차다운, 장민지, 조아리
콘텐트리팀 김길한, 임인선, 이석원, 윤기현
저작권팀 한승빈, 김재원, 이슬
재무관리팀 하미선, 윤이경, 김재경, 오지영, 안혜선
인사총무팀 김혜진, 황호준
제작관리팀 박상민, 최완규, 이지우, 김소영, 김진경, 양지환
물류관리팀 김형기, 김선진, 한유현, 민주홍, 전태환, 전태연, 양문현, 최창우

펴낸곳 다산북스 **출판등록** 2005년 12월 23일 제313-2005-00277호
주소 경기도 파주시 회동길 490
전화 02-704-1724 **팩스** 02-703-2219 **이메일** dasanbooks@dasanbooks.com
홈페이지 www.dasanbooks.com **블로그** blog.naver.com/dasan_books
다산전인교육캠퍼스 www.dasaneducation.co.kr
종이 IPP **인쇄** 민언프린텍 **제본** 국일문화사

ISBN 979-11-306-9119-0 (64370)
　　　979-11-306-9107-7 (세트)

1. 송인섭 교수

　세계적인 자기주도학습법 권위자인 송인섭 교수는 숙명여대에서 35년 간 교수로 재직했으며, 현재 동 대학교 명예교수이자 다산전인교육캠퍼스 원장을 맡고 있습니다. 또한 한국교육심리연구회 회장, 한국교육평가학회 회장, 한국영재연구원 원장과 AERA(American Educational Research Association)에서 발행하는 학술지의 논문심사위원을 역임했으며, 70여 권의 교육 저서를 집필했습니다.

　송인섭 교수는 주입식 교육이 일반적이었던 한국 교육에 자기주도학습이라는 개념을 최초로 도입해 확산하였으며, EBS 〈교육실험 프로젝트 - 스스로 공부하는 아이 만들기〉, 〈공부의 왕도〉, 〈교육 마당〉 등에 출연하여 자기주도학습의 효과를 입증하였습니다. 그리고 이 내용을 담은 《공부는 전략이다》는 부모 및 교육 관계자들에게 수십만 부 이상 판매되며, 교육계에 새로운 패러다임을 가져왔습니다. 이 후로도 20여 년간 《공부는 실천이다》, 《와일드》, 《혼공의 힘》 등 교육 분야의 도서를 출간하고 자기주도학습 강연을 하며 한국 교육을 이끌고 있습니다.

　또한 송인섭 교수는 다양한 학습 프로젝트를 수행하며 수십만 명이 넘는 학생과 학부모, 교사를 만나 자기주도적 공부 전략을 소개하고 상담했습니다. 이 과정에서 많은 아이가 공부에 실패를 겪고 상처받는다는 공통점을 발견하였습니다. 아이들은 자신에게 맞는 공부법만 찾으면 충분히 극복할 수 있는 문제임에도 해결 방법을 몰라 고민하고 있었습니다. 이들을 위해 송인섭 교수는 수십만 건의 실제 학습 문제 상황을 수집하고 연구하였습니다. 그 결과 자기주도학습을 바탕으로 각자의 상황에 맞춰 공부하는 힘을 기르는 새로운 학습 프로그램인 《E-CLIP》을 개발하였고, 이 프로그램을 여러 심리 센터에 적용해 높은 성과를 얻고 있습니다.

'**E-CLIP**(Emotional Creative Leadership Improvement Program)'은 실제 교육 현장에서 총 8,950명의 학습자를 대상으로 20년 동안 관찰과 실험, 상담을 통해 얻은 빅데이터로 개발한 '감성적 창의 주도성 향상 프로그램'입니다. 프로그램 연구와 개발에는 자기주도학습법 권위자 송인섭 교수와 다수의 교육심리학 전문 연구진이 참여했습니다.

2. 심리 검사 및 교재 연구

전문 연구 위원(가나다순)

· 김수란 우석대 교수
· 김희정 대구대 교수
· 성소연 호서대 교수
· 이희연 한국교육개발원 책임
· 정유선 아주대 교수
· 최지혜 을지대 교수

· 김누리 목포해양대 교수
· 남궁정 숙명여대 교수
· 안혜진 수원여대 교수
· 정숙희 숙명여대 교수
· 최보라 숙명여대 교수
· 한윤영 숭실대 교수

· 김은영 루터대 교수
· 박소연 숙명여대 교수
· 육진경 루터대 교수
· 정미경 한경대 교수
· 최영미 한경대 교수

3. 심리 검사 및 교재 개발

개발 총괄

· 김영아 다산전인교육캠퍼스 부원장

개발 위원

· 이상섭 건양대학교병원 의학과
· 최이선 닥터맘심리연구소 소장

E-CLIP

Emotional Creative Leadership Improvement Program

감성적 창의 주도성 향상 프로그램

4차 산업혁명 시대에 사회가 바라는 인재상과 역량은 기존과는 전혀 다릅니다. 현존하는 많은 직업이 인공지능(AI)으로 대체되고, 새로운 직업군이 만들어지는 등 직업의 개념이 바뀔 것입니다. 우리는 이런 변화에 대처하기 위해서는 자신만의 특성을 찾고 고유한 능력을 개발해야 합니다. 4차 산업혁명 시대를 대비해 '나는 누구인가?', '나는 어떤 능력을 준비해야 하는가?'에 대한 고민이 필요하며, 그 물음에 대한 해답이 바로 'E-CLIP'입니다.

'E-CLIP'은 자기주도학습의 최고 권위자 송인섭 교수와 수십 명의 연구진이 20년 동안 개발한 '자생력 기반 자기주도학습 프로그램'으로 학습자 고유의 감성적 창의성을 계발하여 스스로 자신이 처한 환경 전반을 이끌어 갈 수 있는 인재를 기르는 교육입니다. E-CLIP의 바탕을 이루는 '자생력(감성적 창의성)'은 하늘에서 뚝 떨어진 새로운 개념도 천재적인 번뜩임 같은 특출한 능력도 아닙니다. 누구나 교육으로 익힐 수 있는 능력입니다. '자생력(감성적 창의성)'은 공부의 기틀을 다지는 힘이며 이것은 기계와 차별화되는 인간만의 본성인 감성에 일상의 다양한 문제와 활동을 새롭게 배열하고 통합하고 연결하는 창의성을 더한 개념입니다. 즉, 인공지능에는 없는 인간다움, 인간만이 할 수 있는 능력인 생각하는 능력, 상상력, 문화, 예술, 철학, 역사의식, 신념과 꿈을 실현하려는 확고한 의지 등이 바로 '자생력(감성적 창의성)'입니다.

E-CLIP 학습자가 된다는 것은 첫째, 학습의 주도권이 외부 환경으로부터 학습자에게 옮겨오는 것을 뜻합니다. 학업 성취 수준과 관계없이 스스로 학습하는 습관을 형성하고 위기를 극복하는 내적인 힘을 키우는 것입니다. 이 내적인 힘은 학습자가 경험하는 다른 상황에도 전이되어 학습자의 내면적 성장을 돕습니다. 둘째, 학습 성향 진단을 통해 문제점을 보완하고 자신에게 맞는 방향을 찾아 잠재 능력을 개발할 수 있습니다. 셋째, 학습자들은 학습 행동을 주도하는 과정을 통해 학습 몰입 경험을 하게 되며 자기 생각을 표현하고 다른 사람과 소통할 수 있는 능력을 기르게 됩니다. 이렇듯 자생력을 기반으로 하는 E-CLIP은 자신의 목표와 가치를 온전히 펼칠 수 있는 최선의 방법이며 전인적 자아실현을 통해 행복한 삶의 길을 열어 줄 것입니다.

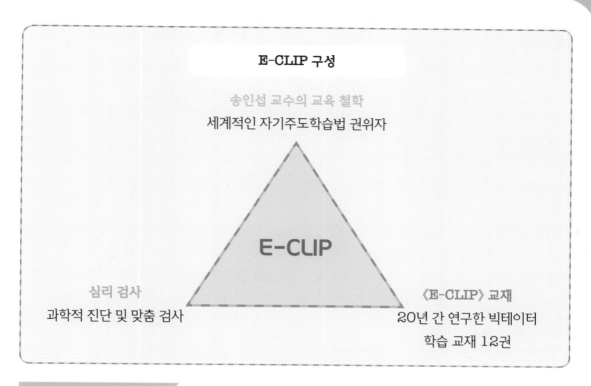

E-CLIP 구성

송인섭 교수의 교육 철학
세계적인 자기주도학습법 권위자

E-CLIP

심리 검사
과학적 진단 및 맞춤 검사

《E-CLIP》교재
20년 간 연구한 빅테이터
학습 교재 12권

송인섭 교수의 교육 철학

세계적인 자기주도학습법 권위자

송인섭 교수는 지나친 사교육으로 교육의 본질에 대한 심각한 문제가 대두되던 시기에 자기주도학습을 통해 한국 교육에 변화를 불러일으켰습니다. 그 후 수십 명의 전문 연구진과 교육심리학 이론을 배경으로 학습자들을 개별 관찰, 상담하며 학습자가 공부를 하는 이유와 배경이 무엇인지 찾는 과정에서 자생력이라는 개념을 새롭게 정의했습니다.

송인섭 교수의 교육 철학이 그대로 담긴 자생력은 인간만의 고유한 능력인 감성에 창의성을 겸비한 것으로, 심리학에서 가져온 개념입니다. 자생력의 뿌리가 되는 구성인자는 통찰력 있는 창의성, 통찰력 있는 융합, 통찰력 있는 리더십입니다. 통찰은 개개인의 능력이나 환경에 좌우되지 않고 경험의 축적과 노력 여하에 따라 향상될 수 있는 지극히 감성적인 요소입니다. 통찰 위에 창의적인 생각이 움트고, 정보와 지식을 연결하는 융합적 사고와 사회적 리더십을 발휘할 때 비로소 자생력이 완성됩니다.

이를 바탕으로 개발된 'E-CLIP'은 세계적인 자기주도학습법 권위자 송인섭 교수의 20년 연구 결정체입니다. 자생력을 과학적으로 측정하기 위한 심리 검사와 자생력을 증진하고 계발하기 위한 《E-CLIP》교재의 상호작용을 통해 학습자의 '공부하는 힘'을 향상시키고 있습니다.

과학적 진단 및 맞춤 검사

심리 검사는 학습자가 가지고 있는 '감성적 창의 주도성' 수준을 과학적으로 진단해서 현재 강점과 약점을 확인하는 도구입니다. 학습자의 특성을 정확하게 진단하고 이를 토대로 교육 프로그램을 이수하는 데 목적이 있습니다. 학습자는 심리 검사의 개인 맞춤형 성향 분석 및 결과를 바탕으로, 교육심리 전문가와의 1 대 1 상담을 통해 학습 문제를 이해하고 학습 방향을 설계할 수 있습니다.

검사는 종합적 자생력 검사 1종과 동기, 인지, 몰입, 자아존중감 등 개별 검사 5종으로 구성되어 있습니다. 동기 검사는 《E-CLIP》 1권, 인지 검사는 《E-CLIP》 2권과 3권, 동기 심화 검사는 《E-CLIP》 4권, 몰입 검사는 《E-CLIP》 5권, 자아존중감 검사는 《E-CLIP》 6권과 연결되어 있습니다. 그리고 종합적 자생력 검사는 《E-CLIP》 1~12권에 나오는 모든 특성을 점검할 수 있는 검사로, 《E-CLIP》 시작 전과 후에 각각 검사하면 학습자의 '감성적 창의 주도성' 변화를 알아볼 수 있습니다.

심리 검사 방법

심리 검사는 간편하고 빠르게 개인별 수준을 점검할 수 있는 'Short-Form 무료 검사'와 표준화된 검사 시스템인 'Long-Form 심층 검사'로 나뉩니다. 각 검사의 이용 방법은 아래와 같습니다.

Short-Form 무료 검사

다산전인교육캠퍼스 홈페이지(www.dasaneducation.co.kr)에서 PDF 다운로드를 통해 무료로 검사할 수 있습니다. 즉각적인 진단을 통해 바로 《E-CLIP》 학습을 원하는 경우에 추천합니다.

PDF 다운로드
www.dasaneducation.co.kr 접속 〉 심리 검사 〉 Short-Form 무료 검사

Long-Form 심층 검사

다산전인교육캠퍼스 홈페이지(www.dasaneducation.co.kr)에서 오프라인 심층 검사를 신청할 수 있습니다. 전문적인 검사로 학습자의 특성을 깊이 있게 파악하고, 전문가의 상담을 원하는 경우에 추천합니다.

신청 및 이용 방법
www.dasaneducation.co.kr 접속 〉 심리 검사 〉 Long-Form 심층 검사

20년 간 연구한 빅데이터 학습 교재 12권

《E-CLIP》은 송인섭 교수가 전문 연구진들과 8,950명의 학습자를 대상으로 20년 간 연구한 결과물에 학습 만화 《who?》의 위인 이야기를 더해서, 쉽고 재미있게 감성적 창의 주도성을 높이는 학습서입니다. 본 교재는 1~12권으로 나누어져 있으며, 심리 검사 결과를 바탕으로 학습자 수준에 맞춰 권 별 집중 학습 및 개별 수업을 진행할 수 있습니다.

《E-CLIP》의 주제

권	주제	학습 목표	프로그램		
			학습 동기 향상 프로그램	학습 목표 향상 프로그램	진로 설계 향상 프로그램
1	동기	능동적 학습의 시작	1단계 집중 학습		
2	인지	자생적 인지 학습			
3	인지 심화	인지 능력 향상		2단계 집중 학습	
4	동기 심화	동기 향상 및 유지			
5	몰입	깊은 학습 몰입			
6	자아존중감	내면적 성숙			
7	창의성	창의성 계발			3단계 집중 학습
8	창의성 심화	창의성 학습 확장			
9	감성	감성 계발			
10	감성 심화	정서 발달 촉진			
11	사회성	사회성 계발			
12	사회성 심화	사회성 증진			

1. 도입

세계 위인과 함께 떠나는 탐험 미션입니다.
미션 속 5가지 활동을 키워드로 살펴봅니다.

활동 키워드로 미션 시작하기

2. 이야기

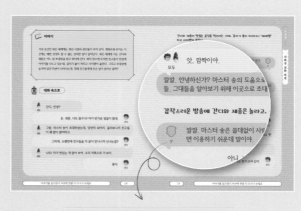

위인들의 이야기를 살펴보며 재미
를 느끼고 상상력을 펼칩니다

이야기로 미션 살펴보기

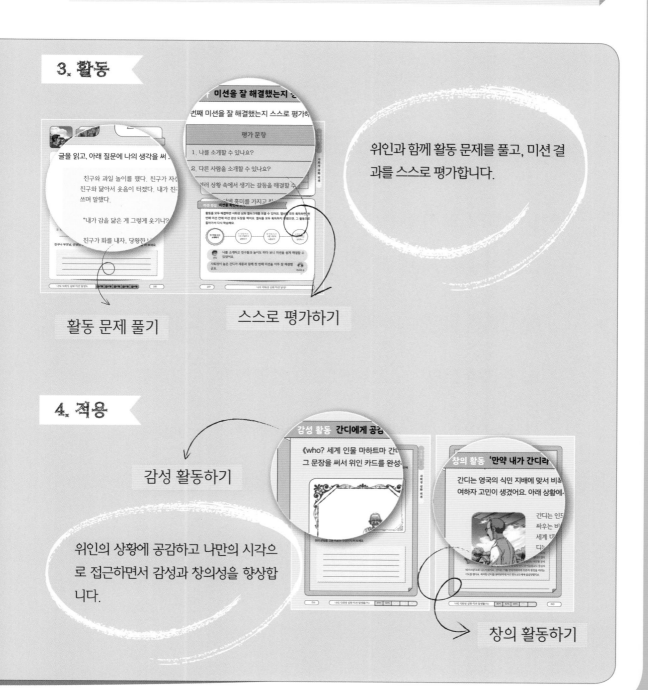

3. 활동

위인과 함께 활동 문제를 풀고, 미션 결과를 스스로 평가합니다.

활동 문제 풀기

스스로 평가하기

4. 적용

감성 활동하기

위인의 상황에 공감하고 나만의 시각으로 접근하면서 감성과 창의성을 향상합니다.

창의 활동하기

차례

E-CLIP 연구진

E-CLIP 소개

이 책의 구성과 특징

세계 위인과 함께 해결하는

자생력 UP 사회성 심화 미션

부록

미션 가이드

세계 위인과 함께 해결하는

자생력 UP

사회성 심화
미션

마스터 송

생애 : 미스터리

국적 : 한국

직업 : 아이들이 미션을 해결하는 데
도움을 주는 안내자

 인물 이야기

마스터 송은 위인 친구들이 사는 위인 세계와 우리가 사는 현실 세계를
오가며 고민에 빠진 친구들에게 도움을 주는 인물이에요. 사람의 마음을
잘 아는 마스터 송은 친구들에게 어떤 고민이 있는지 파악해서 미션을 안
내하고 도와주지요. 마스터 송이 어디에 있다가 나타나는지 어떻게 모든
미션을 잘 아는지는 베일에 싸여 있어요.

마하트마 간디

생애 : 1869~1948년

국적 : 인도

직업 : 변호사, 인권 운동가

주요 업적 : 국산품 애용 운동, 비폭력 저항 운동을 함.

📖 위인 이야기

간디는 내성적인 성격 탓에 친구들과 어울리지 못하고 어머니와 보내는 시간이 많았어요. 대학 시절 진로를 고민하던 간디는 인도인을 위해 변호사가 되기로 결심하고, 영국 유학을 떠났지요. 훗날 간디는 인도인의 인권을 대변하는 변호사로 성장해서 인도의 독립을 위해 비폭력 저항 운동을 했어요.

세종 대왕

생애 : 1397~1450년

국적 : 한국

직업 : 지도자

주요 업적 : 훈민정음 창제, 집현전 설치, 국방 강화

📖 위인 이야기

세종은 태종의 세 번째 아들로, 어려서부터 책을 읽으며 학문을 익히는 것을 좋아했어요. 세자였던 큰형이 폐위당한 뒤 세자의 자리에 오른 세종은 조선의 제4대 왕이 되었지요. 이후 책에서 익힌 다양한 지식을 바탕으로 백성들이 느끼는 갈등을 해결하고 도와주며 새로운 조선을 만들고자 애썼어요.

첫 번째 미션 소개하기

마스터 송

마하트마 간디는 식민 지배로 차별받는 사람들의 마음을 깊이 이해하고 함께 갈등을 해결했어요. 간디와 함께 나를 알고 다른 사람을 이해하는 미션을 해결해 보세요.

오늘의
활동 키워드

활동 01

사회성

활동 02

나를 소개하기

학습 목표

1. 나를 소개할 수 있다.
2. 다른 사람과의 갈등을 해결할 수 있다.

활동 03

나를 닮은 과일

활동 04

다른 사람 소개하기

활동 05

갈등 해결하기

이야기

가상 공간인 위인 세계에는 청년 시절의 위인들이 모여 산다. 평화로워 보이는 이 곳에는 매번 상상도 할 수 없는 신비한 일이 일어난다. 위인 세계에 사는 간디와 세종은 어느 날 초대장을 받고 파티에 간다. 파티 장소에 도착한 친구들이 반갑게 이야기를 나누고 있는데, 갑자기 불이 꺼지고 사이렌이 울린다. 그리고 초대장에 숨겨져 있던 미션이 나타나는데, 대체 친구들에게 무슨 일이 일어난 걸까?

 대화 속으로

 세종
간디, 안녕?

응. 세종, 너도 왔구나! 여기 반가운 얼굴이 많네. 간디

 세종
그럼. 마스터 송이 초대하셨는데, 당연히 와야지. 둘러보니까 친구들이 꽤 많이 왔더라고.

그러게. 오랜만에 친구들을 다 같이 만나니까 신나는걸? 간디

 세종
나도! 저기 맛있는 게 많아 보여. 우리 저쪽으로 가 보자.

좋아. 간디

간디와 세종이 맛있는 음식을 먹으려는 그때, 갑자기 불이 꺼지더니 '에에엥' 하고 사이렌이 울린다.

모두
앗, 깜짝이야.

깔깔. 안녕하신가? 마스터 송의 도움으로 점점 똑똑해지는 위인 친구들. 그대들을 알아보기 위해 이곳으로 초대했지.

?

갑작스러운 방송에 간디와 세종은 놀라고, 위인 친구들은 웅성거린다.

?
깔깔. 마스터 송은 쓸데없이 사람들을 똑똑하게 만들어. 모두 어리석으면 이용하기 쉬운데 말이야.

아니, 마스터 송께서 초대하신 게 아니었어?

간디

세종
우리 이상한 사람에게 초대받았나 봐. 빨리 밖으로 나가야겠어.

응. 우선 문을 찾아보자.

간디

친구들은 깜깜해진 주변을 두리번거리고, 손으로 더듬으면서 문을 찾으려고 한다. 그때 세종이 간디의 주머니에서 무언가 반짝이는 걸 발견한다.

세종
간디! 네 바지 주머니에 있는 게 뭐야? 반짝거리는데?

앗! 초대장? 그러고 보니 네 손에 있는 초대장에도 뭔가 쓰여 있어.

간디

이야기를 읽으면서 미션에 한발 더 다가가 보세요.

자생력 UP

사회성 심화 미션

간디와 세종은 각자 자신의 초대장을 다시 읽어 본다. 주변이 깜깜해지자, 장소와 시간만 보였던 초대장에 진짜 내용이 나타난다.

> ## *깔깔 파티 초대장*
>
> 초대장을 읽는 당신은 선택받은 사람입니다.
> 친구들을 깨워 밖으로 나가고 싶다면 미션을 해결해야 합니다.

세종
깔깔 파티 초대장?

우리 진짜 잘못 왔네. 그런데 다른 친구들을 깨우라는 게 무슨 말일까?

간디

그때 파티 장소에 불이 켜진다. 세종과 간디는 주변을 둘러보고 몹시 놀란다.

세종
앗, 이게 무슨 일이야?

으악! 친구들이 모두 쓰러졌어!

간디

세종
얘들아, 일어나 봐!

간디와 세종이 바닥에 쓰러진 친구들을 흔들어 깨워 보지만, 아무도 일어나지 않는다. 그리고 단상 쪽에 있는 화면에 미션이 나타난다.

저기 화면에 첫 번째 미션이 나왔어!
간디

 잠든 친구들을 두고 미션을 풀어야 한다니!
세종

초대장에 친구들을 깨우려면 미션을 해결해야 한다고 쓰여 있었어.
간디

 그래, 미션부터 해결하자. 그런데 어떤 미션일까? 이럴 때 마스터 송이 계시면 여쭤볼 텐데…….
세종

그때 간디와 세종의 뒤에서 마스터 송이 친구들을 부른다.

여러분.
마스터 송

 엇?
모두

쉿!
마스터 송

 마스터 송? 이게 어떻게 된 일이에요?
간디

누군가 제 이름으로 위인 친구들에게 초대장을 보내서 그 주소를 보고 찾아왔지요. 우선 여러분은 친구들을 깨울 수 있게 미션부터 풀어 보세요.
마스터 송

 어떤 미션인지 아세요?
세종

음, 자신과 다른 사람을 소개하는 미션이군요. 사회성이 높은 우리 친구들은 잘 풀 수 있을 거예요. 화면을 따라 미션을 해결해 보세요.
마스터 송

이야기를 읽으면서 미션에 한발 더 다가가 보세요.

사회성은 다른 사람의 감정과 의도를 이해하고, 함께 어울리는 능력이에요. 글을 읽고, 아래 질문에 나의 생각을 써 보세요.

> 친구들과 게임을 하고 집에 가는 길에 길을 잃은 강아지를 발견하고 경찰서에 데려다주었다. 강아지에게 신경 쓰느라 엄마께 연락을 드리지 못하고 집에 늦게 들어갔더니, 도착하자마자 엄마께서 몹시 큰 소리로 화를 내셨다.
>
> "너 지금 몇 시야? 늦으면 늦는다고 연락해야지! 엄마가 얼마나 걱정한 줄 알아?"
>
> 말할 기회도 주시지 않고 화부터 내시는 엄마를 보고, 나도 소리쳤다.
>
> "왜 제 말은 들어 보시지도 않고 화부터 내시는 거예요?"

1. 무슨 일이 일어났나요?

_____

2. 나의 기분은 어떨까요?

_____

3. 엄마의 기분은 어떨까요?

_____

4. 내가 엄마라면, 늦게 들어온 나에게 어떤 말을 듣고 싶을까요?

_____

5. 엄마의 감정을 이해하면서 엄마께 다시 말해 볼까요?

_____

친구나 부모님, 선생님 등 다른 사람에게 나를 소개하는 글을 써 보세요.

_____

_____

_____

_____

_____

_____

아래 순서에 따라 '연결 놀이'를 해 보세요.

연결 놀이

1. 친구나 부모님, 선생님 등 다른 사람과 나란히 앉는다. 앉은 사람 중 1명이 인형을 갖는다.

2. 인형을 가진 사람이 자신의 왼쪽 사람에게 인형을 준다. 이때 어깨를 돌리고 눈을 마주치면서 "안녕, 반가워!"라고 말한다.

3. 인형을 받은 사람은 인형을 준 사람과 어떤 사이인지 설명한다.

4. 이어서 인형을 받은 사람도 자신의 왼쪽 사람에게 인형을 주면서 "안녕, 반가워!"라고 말하고, 이번에 인형을 받은 사람도 인형을 준 사람과 어떤 사이인지 말한다.

5. 처음 인형을 준 사람에게 인형이 올 때까지 같은 방법으로 인형을 전달한다. 인형이 전달되는 과정을 보면서 서로 어떤 사이인지 생각해 본다.

간디와 함께 나를 과일로 표현해 보자

거울을 보면서 나를 닮은 과일을 찾아 아래 빈칸에 그리고, 그 이유를 써 보세요.

나를 닮은 과일	
이유	

아래 순서에 따라 '과일 놀이'를 해 보세요.

과일 놀이

1. 친구나 부모님, 선생님 등 다른 사람과 나란히 앉는다.
2. 각자 자신을 닮은 과일을 이름으로 정한다.
3. 4박자에 맞춰 무릎과 손바닥을 치는 놀이를 한다. 4박자 중 마지막 2박자에 다른 사람의 과일 이름과 숫자를 말한다. 이때 숫자는 1부터 4까지 말할 수 있다.
4. 자신의 과일이 불린 사람은 4박자에 맞춰서 숫자의 개수만큼 과일 이름을 외친다.(숫자가 1일 때는 마지막에 1번만 과일 이름을 말하고, 4일 때는 4번 모두 과일 이름을 말한다.)
5. 같은 방법으로 서로의 과일을 외치면서 놀이를 이어 나간다.

간디와 함께 다른 사람을 소개해 보자

아래에 친구나 부모님, 선생님 중 1명의 손을 그려 보세요. 그리고 손가락마다 이 사람이 좋아하는 것을 써 보세요.

손의 모양과 손가락에 쓴 내용을 이용해, 다른 사람들 앞에서 손의 주인을 소개해 보세요.

나의 사회성 심화 미션 달성도

글을 읽고, 아래 질문에 나의 생각을 써 보세요.

> 친구와 과일 놀이를 했다. 친구가 자신을 닮은 과일이 '감'이라고 말했는데, 정말 친구와 닮아서 웃음이 터졌다. 내가 친구의 얼굴을 보며 한참 웃자, 친구가 인상을 쓰며 말했다.
>
> "내가 감을 닮은 게 그렇게 웃기니? 내 얼굴이 넓적하다고 놀리는 거야?"
>
> 친구가 화를 내자, 당황한 나는 큰 소리로 친구의 말을 맞받아쳤다.
>
> "아니, 우리 스스로 닮은 과일을 고른 거잖아. 게다가 이건 놀이일 뿐인데 왜 화를 내니?"

1. 무슨 일이 일어났나요?

_____

2. 친구와의 갈등을 해결할 수 있는 말은 무엇일까요?

_____

친구나 부모님, 선생님 등 다른 사람과 앞의 놀이들을 하면서 생긴 문제점을 써 보세요.

_____

_____

_____

미션 평가 미션을 잘 해결했는지 평가해 보자

첫 번째 미션을 잘 해결했는지 스스로 평가해 보세요.

평가 문항	매우 아니다	아니다	그저 그렇다	그렇다	매우 그렇다
1. 나를 소개할 수 있나요?					
2. 다른 사람을 소개할 수 있나요?					
3. 여러 상황 속에서 생기는 갈등을 해결할 수 있나요?					
4. 첫 번째 미션에 흥미를 가지고 참여했나요?					
5. 첫 번째 미션에 최선을 다하여 참여했나요?					

미션 완성 미션을 확인해 보자

활동을 모두 해결하면 사회성 심화 열쇠 5개를 모을 수 있어요. 열쇠를 모두 획득하면, 첫 번째 미션 칸에 미션 완성 도장을 찍어요. 열쇠를 모두 획득하지 못했으면, 그 활동으로 돌아가서 다시 학습해요.

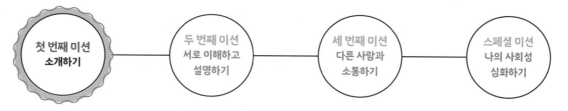

첫 번째 미션
소개하기

두 번째 미션
서로 이해하고
설명하기

세 번째 미션
다른 사람과
소통하기

스페셜 미션
나의 사회성
심화하기

간디

나를 소개하고 친구들과 놀이도 하다 보니 미션을 쉽게 해결할 수 있었어요.

사회성이 높은 간디가 세종과 함께 첫 번째 미션을 아주 잘 해결했군요.

마스터 송

두 번째 미션　서로 이해하고 설명하기

마스터 송

세종 대왕은 백성들의 고통을 이해하고 해결해 주었어요. 세종과 함께 나의 감정과 다른 사람의 감정을 이해하면서 미션을 해결해 보세요.

오늘의
활동 키워드

활동 01

다른 사람의 표정

활동 02

나의 표정

학습 목표

1. 다른 사람의 표정을 보고 감정을 이해하고, 표정을 통해 나의 감정을 나타낼 수 있다.
2. 사물을 다양한 방법으로 설명할 수 있다.

활동 03

단어 설명하기

활동 04

물감으로 그린 동물

활동 05

놀이 규칙

이야기

위인 세계에 사는 간디와 세종은 초대장을 받고 신비한 파티에 간다. 파티 장소에 도착한 친구들이 반갑게 이야기를 나누고 있는데, 갑자기 사이렌 소리와 함께 불이 꺼진다. 어둠 속에서 초대장의 숨겨진 미션을 확인한 간디와 세종은 다른 친구들이 모두 쓰러졌다는 걸 알게 된다. 세종과 간디는 미션을 해결해서 친구들과 함께 집으로 돌아가려고 한다. 과연 친구들은 미션 해결에 성공해서 밖으로 나갈 수 있을까?

 대화 속으로

 간디 사회성이 높은 세종과 함께해서 그런지 미션을 쉽게 해결할 수 있었어.

맞아, 또 나를 닮은 과일을 찾다 보니 미션이 아주 재미있는걸! 세종

 간디 후유, 미션을 해결했지만, 친구들은 아직도 잠에서 깨지 않았나 봐.

그러게. 미션이 1개가 아닌가? 세종

간디와 세종은 친구들을 다시 깨워 보는데, 그때 갑자기 방송이 나온다.

 ? 깔깔, 제법이군. 벌써 첫 번째 미션을 해결하다니!

친구들은 왜 못 일어나는 건가요?
세종

?
깔깔, 친구들은 아주 깊은 잠을 자고 있지. 미션을 확인한 너희 둘은 살았지만, 미션을 눈치채지 못한 친구들은 내가 모두 재워 버렸어!

제발 친구들을 깨워 주세요!
간디

?
깔깔. 친구들을 구하고 싶으면, 화면에 나오는 미션을 계속 해결해 봐. 마스터 송이 자랑스러워하는 친구들이 얼마나 미션을 잘 풀지 궁금하군.

흑흑. 세종아, 우리 깔깔 웃는 사람의 말을 따라야 하는 거야?
간디

세종
친구들은 아무리 흔들어도 깨지 않고, 확인해 보니까 문도 잠겼어. 우선은 저 사람의 말을 따라야 해.

미션을 다 해결하면, 정말 친구들과 집에 갈 수 있는 거겠지?
간디

세종
내가 한번 물어볼게.

응!
간디

세종이 큰 소리로 깔깔 웃는 사람에게 묻는다.

세종
미션을 다 해결하면, 정말 친구들과 집으로 돌아갈 수 있는 거죠?

깔깔, 물론! 약속은 지킨다고. 모든 미션에 성공한다면 친구들과 함께 안전하게 집으로 보내 주지. 과연 풀 수 있을지 모르겠지만 말이야.

?

이야기를 읽으면서 미션에 한발 더 다가가 보세요.

세종
알겠습니다!

좋았어! 미션을 해결해서 모두 함께 집으로 돌아가자. 간디

화면에 미션이 나타나자, 뒤에서 조용히 듣고 있던 마스터 송이 나타난다.

 마스터 송
함께 힘을 모아서 미션을 해결해야겠군요.

네, 하지만 저 사람이 누군지 알 수 없어서 무서워요. 세종

 간디

 마스터 송
지금 누가 제 이름으로 초대했는지 알아보고 있으니, 미션을 해결하면서 조금만 기다려 주세요.

네! 간디

 세종
마스터 송만 믿고 기다릴게요.

마스터 송, 다음 미션은 무엇인지 아세요? 간디

 마스터 송
그럼요. 친구들에게 다음 미션을 알려 주려고 온걸요.

역시 마스터 송! 세종

 마스터 송
다음 미션은 다른 사람의 감정을 맞히고, 자신의 감정을 표현하는 미션이에요. 다른 사람을 이해하고, 자신의 마음을 잘 표현해야 해요.

이야기를 읽으면서 미션에 한발 더 다가가 보세요.

이건 세종이 잘하겠는데?

간디

 내가?

세종

다른 사람이 필요한 걸 잘 알아차리고, 문제를 해결해 주는 친구가 바
로 세종이, 너잖아!

간디

 그렇군요. 그럼 둘이 협동해서 화면 속 미션을 잘 해결해 보세요.

마스터 송

친구들은 마스터 송과 함께 화면 속 미션을 확인한다.

이야기를 읽으면서 미션에 한발 더 다가가 보세요.

아래 사진을 보고 어떤 감정인지 써 보세요.

아래 순서에 따라 '표정 전달 놀이'를 해 보세요.

표정 전달 놀이

1. 친구나 부모님, 선생님 등 다른 사람과 나란히 앉는다.
2. 65쪽 부록의 감정 카드 중 하나를 골라, 다른 사람을 보며 그 표정을 똑같이 짓는다.
3. 표정을 전달받은 사람은 그 표정을 따라 지으며, 다음 사람에게 전달한다.
4. 표정을 계속 전달하고 마지막 사람은 따라 한 표정과 사진의 표정이 같은지 확인한다.

놀라는 세종을 보며 나의 표정을 그려 보자

나는 아래 감정을 느낄 때 어떤 표정을 짓는지 떠올려 보고, 각 단어에 어울리는 표정을 그려 보세요.

기쁘다

슬프다

우울하다

즐겁다

아래 순서에 따라 '표정 맞히기 놀이'를 해 보세요.

표정 맞히기 놀이

1. 마음속으로 하나의 감정을 떠올리고 거울을 보며 표정을 지어 본다.
2. 친구나 부모님, 선생님 등 다른 사람과 마주 보고 앉는다.
3. 다른 사람에게 표정을 보여 주고, 어떤 감정인지 물어본다.
4. 표정을 본 사람은 상대방이 어떤 감정인지 맞히고, 왜 그렇게 생각하는지 말한다.
5. 돌아가면서 표정을 짓고 무슨 감정인지 맞히며 놀이를 이어 나간다.

세종과 함께 단어를 설명해 보자

보기 의 단어 중 하나를 골라 다른 사람에게 설명하는 말을 써 보세요.

보기

스마트폰, 책, 컴퓨터, 컵, 청소기, 로봇

_____

_____

_____

위에서 쓴 내용을 바탕으로 아래 순서에 따라 '블라블라 놀이'를 해 보세요.

블라블라 놀이

1. 친구나 부모님, 선생님 등 다른 사람과 마주 앉는다.
2. 앞에 앉은 사람에게 '블라블라'라는 단어만 이용해서 인사한다.
3. 67쪽 부록의 단어 카드 중 하나를 골라 1분 동안 '블라블라'만 이용해서 설명한다. 설명하기 어렵다면, 표정과 동작을 이용한다.
4. 1분이 지나면 정답을 말하고 정답이 맞는지 확인한다. 돌아가면서 '블라블라'로 단어를 설명하고 정답을 맞히며 놀이를 이어 나간다.

'블라블라 놀이'를 하고 느낀 점을 이야기해 보세요.

세종과 함께 손가락에 물감을 묻혀 동물을 그리자

친구나 부모님, 선생님 등 다른 사람과 함께 손에 물감을 묻혀 보세요. 그리고 물감을 묻힌 손가락으로 빈칸에 좋아하는 동물을 그려 보세요.

위에 그린 동물에 대해 다른 사람에게 설명해 보세요.

나의 사회성 심화 미션 달성도

사냥 규칙을 만들었던 세종처럼 놀이 규칙을 만들자

사회성은 다른 사람과 소통하면서 키울 수 있어요. 앞에서 했던 놀이 중 하나를 골라, 놀이를 하면서 꼭 지켜야 할 규칙을 써 보세요.

놀이 규칙

놀이 이름 :

예) 서로 돌아가면서 차례차례 이야기한다.

1. _____

2. _____

3. _____

4. _____

5. _____

미션 평가 미션을 잘 해결했는지 평가해 보자

두 번째 미션을 잘 해결했는지 스스로 평가해 보세요.

평가 문항	매우 아니다	아니다	그저 그렇다	그렇다	매우 그렇다
1. 다른 사람의 표정을 보고 감정을 맞힐 수 있나요?					
2. 단어를 설명할 수 있나요?					
3. 놀이 규칙을 만들 수 있나요?					
4. 두 번째 미션에 흥미를 가지고 참여했나요?					
5. 두 번째 미션에 최선을 다하여 참여했나요?					

미션 완성 미션을 확인해 보자

활동을 모두 해결하면 사회성 심화 열쇠 5개를 모을 수 있어요. 열쇠를 모두 획득하면, 두 번째 미션 칸에 미션 완성 도장을 찍어요. 열쇠를 모두 획득하지 못했으면, 그 활동으로 돌아가서 다시 학습해요.

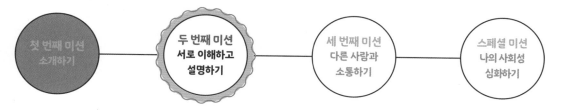

첫 번째 미션 소개하기 ─── 두 번째 미션 서로 이해하고 설명하기 ─── 세 번째 미션 다른 사람과 소통하기 ─── 스페셜 미션 나의 사회성 심화하기

세종

미션을 해결하다 보니, 앞으로 다른 사람의 마음을 더 잘 알 수 있겠어요.

두 번째 미션을 아주 잘 완료했군요. 다른 사람의 감정을 이해하고 단어를 잘 설명하는 세종의 활약이 빛났습니다.

마스터 송

나의 사회성 심화 미션 달성!

세 번째 미션 다른 사람과 소통하기

마스터 송

마스터 송은 다른 사람들을 이끌며 미션을 안내하는 인물이에요. 마스터 송과 함께 다른 사람과의 소통에 초점을 맞추어 미션을 해결해 보세요.

**오늘의
활동 키워드**

활동 01

다른 사람을 위한 선물

활동 02

사물 되어 보기

학습 목표

1. 다른 사람에게 어울리는 선물을 고를 수 있다.
2. 좋아하거나 싫어하는 인물을 고르고, 그 인물처럼 행동
   할 수 있다.

활동 03

좋아하는 인물

활동 04

싫어하는 인물

활동 05

마음에 드는 위인

이야기

간디와 세종은 초대장을 받고 신비한 파티에 간다. 파티 장소에는 많은 친구들이 모여 있다. 그때 갑자기 불이 꺼지고 간디와 세종을 제외한 모든 친구들이 쓰러져 잠든다. 간디와 세종은 친구들을 구해 집으로 돌아가기 위해 다른 사람을 소개하는 첫 번째 미션과 표정을 보고 감정을 설명하는 두 번째 미션을 해결한다. 과연 세종과 간디는 미션을 해결해서 친구들을 구할 수 있을까?

대화 속으로

간디

친구들의 표정을 보고, 어떤 감정인지 맞히는 게 생각보다 어렵네.

맞아, 감정에 따라 표정을 지으면서 내가 이런 표정을 짓는 줄 처음 알았어.

세종

간디

하하, 나도! 생각보다 내 표정이 좀 귀엽더라고?

허허, 그래.

세종

간디

그런데 세종아, 두 번째 미션이 끝났는데도 친구들은 여전히 잠들어 있어.

아직 미션이 남은 거겠지.

세종

이야기를 읽으면서 미션에 한발 더 다가가 보세요.

간디 미션을 얼마나 더 해결해야 하는 걸까?

음, 마스터 송은 아시지 않을까?
세종

뒤에서 친구들의 말을 듣고 있던 마스터 송이 나타난다.

마스터 송 저를 찾고 있었군요. 미션은 잘 해결하고 있나요?

네! 마스터 송, 무서워도 서로 협동해서 미션을 해결하고 있어요.
간디

마스터 송 맞아요. 아주 잘하고 있습니다.

그런데 저희가 앞으로 미션을 얼마나 더 해결해야 여기에서 나갈 수 있을까요?
세종

마스터 송 제가 비밀 서버를 이용해서 알아보니, 이곳의 미션은 총 4개입니다.

그럼 저희가 미션 4개 중 2개를 해결했군요!
간디

마스터 송 맞아요. 앞으로 일반 미션 1개와 스페셜 미션 1개만 더 해결하면 나갈 수 있습니다.

다행이에요. 얼마 안 남았으니 더 열심히 해 볼게요.
세종

간디 우리 같이 힘내자!

이야기를 읽으면서 미션에 한발 더 다가가 보세요.

친구들이 마스터 송과 미션을 알아보고 있을 때, 갑자기 방송이 나온다.

깔깔, 미션을 아주 잘 해결하네? 생각보다 똑똑하잖아.

 세종
친구들을 구하려고 열심히 해결하고 있어요. 미션을 해결하면 친구들과 같이 집으로 보내 준다는 약속을 꼭 지켜 주세요.

깔깔, 미션을 잘 해결하면 들어주지. 하지만 다음 미션은 쉽지 않을걸?

 간디
마스터 송, 다음 미션이 뭔지 아세요?

다음 미션은……. 마스터 송

 ?
엇, 간디! 지금 뭐라고 했지? 마스터 송?

앗! 간디

 ?
여기 마스터 송이 있다고? 이거 아주 흥미로운데?

깔깔 웃는 사람은 마스터 송을 찾고, 마스터 송에게 하얀 조명을 비춘다.

저 사람이 마스터 송이 몰래 들어온 걸 알았나 봐. 세종

 간디
어떡하지?

후후, 마스터 송도 그곳에 같이 있다니 아주 재미있군! 이번에는 마스터 송도 함께 풀어 보세요. 떠올릴 게 많은 미션이니까요.

마스터 송

그럽시다!

마스터 송, 죄송해요. 제가 너무 크게 불러서….
간디

마스터 송

여러분, 걱정하지 마세요. 다음 미션은 내가 좋아하는 인물과 싫어하는 인물을 떠올려 보는 것이니 우리 함께 미션을 해결해 봐요.

네!
모두

마스터 송과 친구들은 화면에 뜬 미션을 확인한다.

이야기를 읽으면서 미션에 한발 더 다가가 보세요.

아래 사진을 보고, 각각의 물건을 선물하고 싶은 사람을 써 보세요.

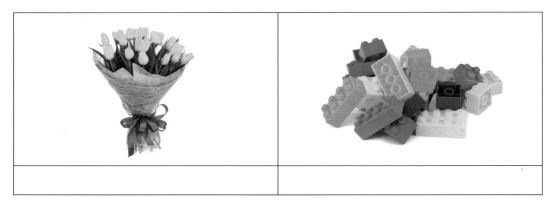

다른 사람에게 선물하고 싶은 물건을 그리고, 선물하고 싶은 사람과 그 이유를 써 보세요.

선물하고 싶은 물건	
선물하고 싶은 사람	
이유	

내가 나무라면 어떤 말을 할지 상상해서 인터뷰 질문에 대답을 써 보세요.

기자 : 안녕하세요. 숲속을 지키는 나무 선생님. 나무 선생님은 어떤 종류의 나무인
가요?

나무 : _____

기자 : 그렇군요. 그럼 언제부터 숲에 사셨나요? 지금 몇 살이신가요?

나무 : _____

기자 : 숲에 살면서 무엇을 보고, 어떤 감정을 느끼셨나요?

나무 : _____

기자 : 지금 가장 하고 싶은 것은 무엇인지 알려 주세요.

나무 : _____

지금부터 숲속을 지키는 나무가 되어 보려고 해요. 팔과 다리를 나무처럼 뻗어 보세요. 그
리고 기자와 나무로 역할을 나누어, 다른 사람과 역할극을 해 보세요.

책이나 만화, 영화 등에서 본 인물들을 떠올려 보고, 내가 좋아하는 인물에 관해 써 보세요.

인물 이름	
인물이 나온 작품 제목	
내가 인물을 좋아하는 이유	
기억에 남는 인물의 말과 행동	

좋아하는 인물이 하는 말과 행동을 따라 해 보세요. 이때 나는 어떤 생각과 감정이 드는지 써 보세요.

_____

_____

마스터 송을 따라 싫어하는 인물을 떠올려 보자

책이나 만화, 영화 등에서 본 인물들을 떠올려 보고, 내가 싫어하는 인물에 관해 써 보세요.

인물 이름	
인물이 나온 작품 제목	
내가 인물을 싫어하는 이유	
기억에 남는 인물의 말과 행동	

싫어하는 인물이 하는 말과 행동을 따라 해 보세요. 이때 나는 어떤 생각과 감정이 드는지 써 보세요.

_____

_____

앞으로 나는 좋아하는 인물과 싫어하는 인물 중 어떤 인물처럼 말하고 행동하고 싶은지 골라 보세요.

좋아하는 인물	싫어하는 인물

마스터 송과 함께 마음에 드는 위인을 소개해 보자

《who? 세계 인물 마하트마 간디》에서 인상 깊은 장면을 찾아, 인물들의 대화를 써 보세요. 그리고 인물들의 대화를 따라 하면서 역할극을 해 보세요.

_____

_____

보기 는 《E-CLIP》 1~12권에서 만난 위인이에요. 이 중 1명을 골라서 위인의 모습을 그리고, 소개하는 글을 써 보세요.

보기

알렉산더 플레밍, 레이철 카슨, 마리아 몬테소리, 루트비히 판 베토벤, 정약용, 헬렌 켈러,
스티브 잡스, 알베르트 아인슈타인, 마더 테레사, 월트 디즈니, 세종 대왕, 마하트마 간디

_____을(를) 소개해요

_____

_____

_____

_____

_____

미션 평가 미션을 잘 해결했는지 평가해 보자

세 번째 미션을 잘 해결했는지 스스로 평가해 보세요.

평가 문항	매우 아니다	아니다	그저 그렇다	그렇다	매우 그렇다
1. 다른 사람에게 어울리는 선물을 고를 수 있나요?					
2. 나무가 되어 인터뷰의 질문에 대답할 수 있나요?					
3. 좋아하는 인물과 싫어하는 인물을 말할 수 있나요?					
4. 세 번째 미션에 흥미를 가지고 참여했나요?					
5. 세 번째 미션에 최선을 다하여 참여했나요?					

미션 완성 미션을 확인해 보자

활동을 모두 해결하면 사회성 심화 열쇠 5개를 모을 수 있어요. 열쇠를 모두 획득하면, 세 번째 미션 칸에 미션 완성 도장을 찍어요. 열쇠를 모두 획득하지 못했으면, 그 활동으로 돌아가서 다시 학습해요.

아니, 벌써 미션을 다 해결하다니!

친구들과 함께라면 아주 재미있고 빠르게 미션을 해결할 수 있죠.
세 번째 미션까지 해결했으니 이제 당신이 누군지 알아야겠어요.

마스터 송

나의 사회성 심화 미션 달성!

스페셜 미션　나의 사회성 심화하기

마스터 송

3가지 미션을 모두 해결하다니 대단해요. 앞의 미션을 해결한 친구에게 주는 마지막 스페셜 미션은 위인을 알아보고 나를 탐구하는 것이에요. 마하트마 간디의 사회성을 떠올리며, 나의 자생력을 완성해 보세요.

탐구 활동

간디를 인터뷰해 보자

감성 활동

간디에게 공감하며 위인 카드를 만들어 보자

창의 활동

'만약 내가 간디라면?' 상상해 보자

학습 목표

1. 간디의 삶에 사회성이 어떤 영향을 주었는지 설명할 수 있다.
2. 내가 생각하는 사회성에 대해 설명할 수 있다.

주도성 활동

미래의 나에게 메일을 보내자

향상 활동

내가 생각하는 사회성은 무엇인지 써 보자

    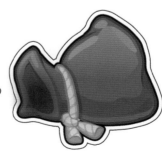

이야기

간디와 세종은 마스터 송이 초대한 줄로만 알고 간 파티 장소에서 돌발 상황을 맞는다. 그리고 잠이 든 다른 친구들을 구해서 집으로 돌아가기 위해 미션을 해결해 나간다. 간디와 세종은 숨은 조력자인 마스터 송을 만나서 다른 사람을 소개하는 첫 번째 미션, 표정을 보고 감정을 설명하는 두 번째 미션, 다른 사람과 소통하는 세 번째 미션까지 완수한다. 마지막 미션인 스페셜 미션은 무엇일까? 과연 간디와 세종은 미션을 해결해서 집으로 돌아갈 수 있을까?

 ## 대화 속으로

세종

좋아하는 인물과 싫어하는 인물이 한 대사와 행동을 생각해 보니 새로운걸?

맞아, 내가 좋아하는 인물은 아주 훌륭한 사람이었어. 그래서 앞으로 이 사람의 말과 행동을 따라 할 거야.

간디

세종

멋진데? 미션을 해결하다 보니 시간 가는 줄 몰랐네. 다행히 마스터 송과 함께라서 미션은 잘 마쳤는데, 이제 어떻게 되는 걸까?

그러게. 그런데 마스터 송께서는 어디 가셨지?

간디

세종

엥? 방금 전까지 옆에 계셨는데?

친구들이 두리번거릴 때, 방송으로 마스터 송의 목소리가 나온다.

아, 아, 잘 들리나요? 마스터 송입니다.
마스터 송

 네!
간디

마스터 송, 사라지신 줄 알았어요.
세종

 미션이 끝나자마자 바로 범인을 잡으러 왔습니다.
마스터 송

범인을 잡으셨어요?
간디

 네, 여러분에게 가짜 초대장을 보낸 범인은 바로 명탐정 K였습니다.
마스터 송 예전에 위인 친구들과 미션 대결에서 졌었죠.

아~!
간디

 결과를 받아들이지 못하고 여러분이 얼마나 똑똑한지 알아보기 위해
마스터 송 이런 일을 꾸몄다고 합니다.

그렇군요. 지금이라도 잡아서 다행이에요.
세종

 역시 마스터 송! 그럼 저희 이제 나갈 수 있나요?
간디

범인은 잡았지만, 아직 나갈 수 없어요.
마스터 송

 왜요?
세종

이야기를 읽으면서 미션에 한발 더 다가가 보세요.

명탐정 K가 만든 미션을 없애면 문은 열리겠지만, 친구들을 깨울 수가 없어요. 스페셜 미션까지 모두 해결해야 친구들이 깨어납니다. 마스터 송

 간디 아!

그럼 스페셜 미션까지 해결해야겠네요. 스페셜 미션은 뭔가요? 세종

 마스터 송 스페셜 미션은 위인 1명을 골라 자세히 알아보는 것이에요. 위인의 삶을 탐구하고 상상해 보는 일입니다.

위인이라면 자신의 꿈을 이룬 훌륭한 사람이겠네요. 기대되는걸요! 세종

 마스터 송 맞아요. 자신의 꿈을 이룬 위인이 꿈을 이루는 과정에서 어떤 마음이었는지 알아볼 겁니다.

그렇군요. 어떤 위인을 알아보나요? 간디

 마스터 송 우리가 알아볼 위인은 바로 여러분 중에 있습니다.

저희 중에요? 간디

 마스터 송 네. 이곳에 있는 친구들은 모두 꿈을 이루고, 뛰어난 업적을 세워 훌륭한 위인이 되지요. 저 화면을 보세요.

네! 모두

 마스터 송 여기 있는 친구들 중 한 명이 미션 화면에 나타날 겁니다.

우아, 궁금해!
간디

미션 화면에 여러 위인의 얼굴이 나타나다가, 화면이 멈추고 간디를 가리킨다.

 바로 간디입니다.
마스터 송

우아, 저요?
간디

 이야, 감성과 사회성을 두루 갖춘 간디라니! 어떤 위인일지 궁금한걸?
세종

그럼 이제 화면을 통해 간디를 이해하고 사회성을 심화하는 미션을 해 결해 보세요. 그리고 간디의 삶에 공감하고 자신을 탐구해 보세요.
마스터 송

 네!
모두

미션을 잘 해결해 보세요. 저는 미션을 해결하면 만날 수 있습니다. 궁 금하거나 어려운 일이 있으면 큰 소리로 부르세요.
마스터 송

이야기를 읽으면서 미션에 한발 더 다가가 보세요.

간디를 인터뷰하고 있어요. 인터뷰를 읽고, 빈칸에 들어갈 대답을 이야기해 보세요.

안녕하세요, 간디 선생님. 선생님께서는 차별받는 인도 사람들을 위해 비폭력 저항 운동, 비협력 운동, 소금 행진 등 많은 일을 하셨는데요. 그중 비협력 운동은 무엇인가요?

비협력 운동은 영국 정부의 일에 협력하지 않는 운동입니다. 전쟁에 참여하면 자치를 허락해 주겠다던 약속을 어기고, 인도인을 차별하고 억압하는 영국 정부에 저항하는 것이지요.

그렇군요. 이 일로 선생님께서는 감옥에 가기도 하셨는데요. 선생님께서는 어떤 마음으로 이러한 운동을 하셨나요?

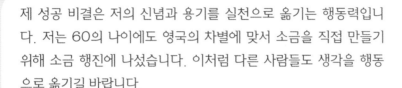

정말 대단하세요! 인터뷰 정말 감사드립니다. 마지막으로 선생님의 성공 비결은 무엇이었는지 한마디 해 주십시오.

제 성공 비결은 저의 신념과 용기를 실천으로 옮기는 행동력입니다. 저는 60의 나이에도 영국의 차별에 맞서 소금을 직접 만들기 위해 소금 행진에 나섰습니다. 이처럼 다른 사람들도 생각을 행동으로 옮기길 바랍니다.

감성 활동 간디에게 공감하며 위인 카드를 만들어 보자

《who? 세계 인물 마하트마 간디》에서 공감되는 문장을 찾아보고, 아래 빈칸에
그 문장을 써서 위인 카드를 완성해 보세요.

위의 문장을 고른 이유는 무엇인지 써 보세요.

나의 사회성 심화 미션 달성률(%) | 20% | 40% | 60% | 80% | 100%

간디는 영국의 식민 지배에 맞서 비폭력 운동을 했어요. 그런데 영국이 전쟁에 참여하자 고민이 생겼어요. 아래 상황에서 내가 간디라면 어떻게 했을지 써 보세요.

간디는 인도를 식민 지배하는 영국에 맞서, 평화적으로 싸우는 비폭력 저항 운동을 했어요. 그런데 이때 제1차 세계 대전이 일어났고, 영국은 전쟁에 참여했지요. 간디는 이것이 인도의 독립을 위한 기회라고 생각했어요. 영국을 도와 전쟁에서 승리하면 인도의 독립을 요구하려 했지요. 하지만 간디는 폭력적인 전쟁에 참여하는 행동이 비폭력을 주장하는 자기 생각과 맞지 않아서 갈등에 빠졌어요.

영국으로부터 힘들게 독립한 인도는 종교 차이로 인해 두 나라로 나뉘었어요. 만약 간디가 죽지 않았다면 두 나라는 어떻게 달라졌을지 써 보세요.

전쟁으로 타격을 입은 영국은 인도의 독립운동이 거세어지자, 독립을 약속했어요. 거리는 사람들의 환호로 가득했지요. 하지만 기쁨도 잠시, 이슬람 연맹의 지도자인 알리가 힌두교도와 함께 나라를 세울 수 없다고 했어요. 이를 계기로 이슬람교도와 힌두교도는 서로를 공격했고, 결국 힌두교도 중심의 '인도'와 이슬람교도 중심의 '파키스탄'으로 나누어졌지요. 간디는 이를 안타까워하며 꾸준히 통일을 바라는 기도를 했어요. 하지만 간디를 못마땅하게 여긴 힌두교도에게 암살당했지요.

주도성 활동 미래의 나에게 메일을 보내자

간디는 '인도의 독립과 평등'을 목표로 끊임없이 노력했어요. 미래의 나는 어떤 목표를 세우고 이루었을지 아래 질문의 나의 생각을 써 보세요.

1. 미래의 나는 어떤 목표나 꿈을 이루었을까요?

_____

2. 미래의 나는 행복할까요?

_____

3. 미래의 나는 무엇을 하면서 지낼까요?

_____

위의 질문을 바탕으로 미래의 나에게 메일을 써 보세요.

메일 쓰기
받는 사람
제목
파일 첨부

보내기	미리 보기	임시 저장

간디와의 대화를 읽고, 이어서 대답을 써 보세요.

간디

> 우리는 다른 사람들과 함께 살아가요. 이때 사람 간의 관계는 평등하지요. 나라에 따른 차별이 있을 수 없고, 계급에 따른 차별이 있을 수 없습니다.

> 아하! 그래서 인도가 영국의 식민 지배에서 독립할 수 있도록 노력하셨군요. 인도의 오래된 신분제인 카스트 제도도 없애려고 하셨고요.

나

간디

> 맞습니다. 이렇게 모든 사람이 평등하다는 생각을 가지고 살아가는 것이 제가 생각하는 사회성입니다. 여러분이 생각하는 사회성은 무엇인가요?

나

미션 평가 미션을 잘 해결했는지 평가해 보자

스페셜 미션을 잘 해결했는지 스스로 평가해 보세요.

평가 문항	매우 아니다	아니다	그저 그렇다	그렇다	매우 그렇다
1. 간디의 사회성에 관해 설명할 수 있나요?					
2. 미래의 나에게 메일을 쓸 수 있나요?					
3. 내가 생각하는 사회성을 말할 수 있나요?					
4. 스페셜 미션에 흥미를 갖고 참여했나요?					
5. 스페셜 미션에 최선을 다해 참여했나요?					

미션 완성 미션을 확인해 보자

활동을 모두 해결하면 스페셜 미션 칸에 미션 완성 도장을 찍어요! 활동을 모두
해결하지 못했으면, 그 활동으로 돌아가서 다시 학습해요.

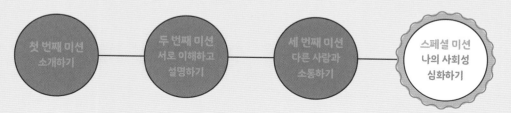

첫 번째 미션
소개하기

두 번째 미션
서로 이해하고
설명하기

세 번째 미션
다른 사람과
소통하기

스페셜 미션
나의 사회성
심화하기

간디와 세종은 위인을 탐구하고 자신의 자생력을 알아보는 스페셜 미
션을 완수한다. 미션을 마치자, 친구들이 깨어나고 잠겨 있던 문도
열린다. 마스터 송의 신고로 경찰이 와서 깔깔 웃는 사람을 데려간
다. 세종과 간디는 안도하고, 친구들은 마스터 송과 함께 진짜 파티
를 즐긴다. 앞으로 위인 세계에는 또 어떤 일이 일어날까?

나의 사회성 심화 미션 달성!

34쪽 '표정 전달 놀이'에 이용해 보세요. 카드를 오려서 뒤집어 놓고 무작위로 골라서
사용할 수도 있어요.

신나다

즐겁다

설레다

슬프다

화나다

짜증 나다

36쪽 '블라블라 놀이'에 이용해 보세요. 카드를 오려서 뒤집어 놓고 무작위로 골라서 사용할 수도 있어요.

사과	원숭이
냉장고	자동차
칫솔	친구

※ E-CLIP 미션의 문제에는 여러 가지 답이 나올 수 있습니다. 본 미션 가이드는 참고용으로 활용하시길 바랍니다.

※ 교사용 개념과 지도 가이드가 포함된 교사용 PDF는 다산전인교육캠퍼스 홈페이지(www.dasaneducation.co.kr)에서 교사 인증 후 신청하실 수 있습니다.

1차시

22쪽

- (예시) 1. 강아지를 경찰서에 데려다주다가, 집에 연락도 없이 늦어서 엄마께 혼나고 있다. / 2. 억울하다, 서운하다 / 3. 걱정스럽다, 당황스럽다 / 4. 연락 없이 늦어서 죄송하다는 말과 함께 늦은 이유를 듣고 싶을 것이다. / 5. 엄마, 제가 집에 늦게 들어와서 걱정하셨죠? 연락을 드리지 않고, 늦어서 죄송해요. 집에 오는 길에 길을 잃은 강아지를 발견해서 경찰서에 데려다주느라 미처 연락하지 못했어요.

23쪽

- (예시) 저는 은하 초등학교 3학년 1반 김별입니다. 저는 그림을 그리고, 웹툰 보는 것을 좋아합니다. 그래서 커서 웹툰 작가가 되고 싶습니다. 작가는 상상력이 풍부한 저의 성격과도 잘 맞습니다. 매일 그림을 그리는 연습을 해서 미래에 꼭 멋진 웹툰 작가가 되겠습니다!
- (길잡이) 자신을 소개해 보고 자신과 다른 사람의 관계를 생각해 보세요.

24쪽

- (예시) 나를 닮은 과일 : 딸기 그림
이유 : 나는 부끄러울 때마다 얼굴이 빨개진다. 게다가 얼굴에 주근깨가 있어서 부끄러운 상황이 생기면 얼굴이 마치 딸기처럼 보인다.
- (길잡이) 놀이를 하기 전에 자신이 고른 과일을 공통점과 함께 설명해 보세요.

25쪽

- (예시) 아빠의 손을 그리고, 각 손가락에 야구, 축구, 골프, 등산, 배드민턴이 쓰여 있는 그림
- (예시) 우리 아빠는 운동을 엄청 좋아하고 잘하는 운동맨입니다. 집에서 TV로 야구와 축구를 즐겨 보고, 주말이면 골프나 등산을 하러 갑니다. 저와 함께 놀 때는 같이 배드민턴을 하면서 운동을 합니다.

26쪽

- (예시)

1. 친구와 과일 놀이를 하면서 닮은 과일을 말하다가 오해가 생겼다. / 2. 절대 놀리려고 웃은 게 아니야! 감을 닮은 네가 너무 귀여워서 웃었어. 오해하지 말아 줘.
- (예시) 스스로 잘 알지 못해서 소개를 하거나 나를 닮은 과일을 고르는 게 어려웠다.

2차시

34쪽

- (예시) 놀랍다, 짜증 나다, 행복하다

- (길잡이) 말을 하지 않고 표정만 전달하면서 다른 사람의 감정을 이해해 보세요.

35쪽
- (예시) 웃는 표정 / 우는 표정 / 시무룩한 표정 / 신나고 행복한 표정
- (길잡이) 감정 카드를 보고 표정을 맞히는 것을 넘어, 나의 표정을 보고 다른 사람이 나의 감정을 맞히는 과정을 경험해 보세요.

36쪽
- (예시) 스마트폰 / 이것은 주로 네모 모양인 기계로, 화면을 눌러서 인터넷을 하고, 책도 보고, 친구와 이야기도 나눌 수 있다. 사람들이 하루 종일 손에 들고 있는 물건이다.
- (길잡이) '블라블라'가 아닌 다른 말은 하지 않도록 유의해서 설명해 보세요.
- (예시) '블라블라'만으로 단어를 맞히기는 어려웠다. / 무엇을 설명하는지 맞히려고 하다 보니, 상대방의 표정과 억양에 더욱 집중할 수 있었다.

37쪽
- (예시) 털이 곱슬곱슬한 강아지(푸들) 그림
- (예시) 털이 곱슬곱슬한 갈색 푸들이다. 푸들은 곱슬곱슬한 털이 정말 귀여워서 그 모습을 강조해서 그렸다.

38쪽
- (예시) 놀이 이름 : 블라블라 놀이
1. 가위바위보를 해서 이긴 사람이 먼저 설명한다.
2. 장난을 치거나 놀리지 않는다.
3. '블라블라'라는 말 외에 다른 말은 쓰지 않는다.

4. 1분 동안 단어를 바꾸지 않고, 한 단어만 설명한다.
5. 서로 대결하는 것이 아니라, 함께 문제를 맞힐 수 있게 협동한다.

3차시
46쪽
- (예시) 꽃 : 선생님, 블록 : 동생
- (예시) 선물하고 싶은 물건 : 손선풍기 / 선물하고 싶은 사람 : 아빠 / 이유 : 아빠는 더위를 많이 타고, 땀을 많이 흘리신다. 그래서 손선풍기를 선물하면, 더울 때마다 편하게 쓰실 것 같다.

47쪽
- (예시) 나무 : 저는 소나무입니다. / 나무 : 저는 조선 시대부터 이 숲에 살았고, 나이는 380살입니다. / 나무 : 계절이 바뀌고, 동물 친구들이 태어나고 자라는 것을 보면서 신비하고 즐거웠습니다. / 나무 : 동물 친구들처럼 친구들과 함께 숲속 곳곳을 뛰놀고 싶습니다.
- (길잡이) 나무의 모습을 따라 하면서 나무의 마음과 생각을 동일시해 보세요.

48쪽
- (예시) 인물 이름 : 해리 포터 / 인물이 나온 작품 제목 : 해리 포터와 불사조 기사단 / 내가 인물을 좋아하는 이유 : 어떤 역경이 닥쳐도 웃음을 잃지 않고, 현명하게 문제를 해결해 나간다. / 기억에 남는 인물의 말과 행동 : "열심히 하는 것은 중요해. 하지만 더 중요한 건 너 자신을 믿는 거야."
- (예시) 나 자신을 믿으면, 무슨 일이든 잘 해낼 수

있을 것 같다.

49쪽

- (예시) 인물 이름 : 타노스 / 인물이 나온 작품 제목 : 어벤져스3 인피니티워 / 내가 인물을 싫어하는 이유 : 타노스는 사람 수를 반으로 줄여서, 사람들이 사랑하는 사람을 잃게 했다. / 기억에 남는 인물의 말과 행동 : 타노스가 손가락을 딱 부딪히는 행동
- (예시) 타노스처럼 마법이 발동해서 가족이나 친구들이 사라질까 봐 무섭다.
- (예시) 좋아하는 인물

50쪽

- (예시) "괜찮습니까?" / "괜찮습니다. 옳은 일을 위해서라면 위험한 일도 감수해야지요."
- (예시) 마하트마 간디 / 흰옷을 입은 간디를 그린 그림 / 마하트마 간디는 사람들의 차별에 맞서고, 인도의 독립을 위해 애쓴 위인입니다. 끝없는 시련에도 꾸준히 비폭력 저항 운동, 불복종 운동 등을 통해 저항했습니다.

4차시

58쪽

- 사회는 모든 구성원들이 모여서 함께 살아갑니다. 함께하는 구성원을 차별하는 영국인들에게 사회성이 무엇인지 보여 준 것입니다.

59쪽

- (예시) 세상에 천한 사람이 어디 있습니까? 모든 사람은 평등합니다.
- (예시) 신분의 귀천 없이 모든 사람이 평등하다고

생각하고, 남들을 설득해서 하나로 통합하려는 간디의 노력에 감동했다.

60쪽

- (예시) 인도의 독립이 가장 중요하니까 영국을 도와 전쟁에 참여하려 했을 것이다.
- (예시) 인도 곳곳에는 간디를 따르는 사람이 많으므로, 간디를 중심으로 하나의 나라가 되었을 것이다.

61쪽

- (예시) 1. 웹툰 작가가 되는 꿈을 이루었을 것이다.
2. 매일 좋아하는 일을 해서 행복할 것이다.
3. 나는 웹툰을 그리고, 웹툰의 소재를 찾아 다양한 사람들을 만날 것 같다.
- (예시) 받는 사람 : 미래의 나에게
제목 : 안녕, 난 과거의 별이야.
파일 첨부 : 내가 그린 웹툰 그림
안녕, 미래의 별아. 나는 다산초등학교에 다니는 별이야. 나는 그림 그리는 것을 좋아해서 재미와 감동을 주는 웹툰 작가가 되고 싶어. 미래의 나는 좋아하는 웹툰을 그리면서 재미있게 지내고 있니? 혹시 미래의 내가 웹툰 작가가 되지 못했더라도 지금의 나를 기억하며 꿈과 희망을 잃지 마. 과거의 나도, 주변의 가족과 친구들도 항상 응원할 거야.

62쪽

- (예시) 서로 마음과 힘을 하나로 합치려는 협동심이 제가 가장 생각하는 사회성입니다.

세계 위인과 함께 해결하는 E-CLIP 미션 대탐험

E-CLIP

who?

학습 만화 《 who? 》의 세계 위인과 함께 미션을 해결하는
12권의 '감성적 창의 주도성' 향상 프로그램!

E-CLIP 구성

권	주제	각 권 대표 위인	이야기 속 위인
1	동기	알렉산더 플레밍	에이브러햄 링컨, 찰스 다윈, 레이철 카슨
2	인지	레이철 카슨	레오나르도 다빈치, 리처드 파인먼, 마리아 몬테소리
3	인지 심화	마리아 몬테소리	토머스 에디슨, 오리아나 팔라치, 루트비히 판 베토벤
4	동기 심화	루트비히 판 베토벤	마하트마 간디, 버지니아 울프, 정약용
5	몰입	정약용	하인리히 슐리만, 아멜리아 에어하트, 헬렌 켈러
6	자아존중감	헬렌 켈러	알베르트 슈바이처, 신사임당, 스티브 잡스
7	창의성	스티브 잡스	헬렌 켈러, 알렉산더 플레밍, 스티브 잡스
8	창의성 심화	알베르트 아인슈타인	스티브 잡스, 레이철 카슨, 알베르트 아인슈타인
9	감성	마더 테레사	알베르트 아인슈타인, 루트비히 판 베토벤, 마더 테레사
10	감성 심화	월트 디즈니	마더 테레사, 정약용, 월트 디즈니
11	사회성	세종 대왕	월트 디즈니, 마리아 몬테소리, 세종 대왕
12	사회성 심화	마하트마 간디	세종 대왕, 마하트마 간디

* E-CLIP / 대상 초등학교 전 학년 / 책 크기 200 X 260 / 각 권 쪽수 70쪽 내외
* who? / 대상 초등학교 전 학년 / 책 크기 188 X 255 / 각 권 쪽수 180쪽 내외